CONTENTS

담백하고 부드러우며 영양이 신선하게 살아 있는 식품!

가벼운 밑반찬부터 고급스런 요리까지, 두루 쓰임새를 갖는 생선은 일주일에 두세 번은 꼭 먹어야 하는 영양 만점 식품

생선은 육류에 비해 가격도 싸고 구이나 조리 등 여러 형태로 밥상에 올릴 수 있어 식단의 단골 메뉴이다. 또한 등푸른 생선의 다양한 효능이 알려지면서 특히 아이들한테도 적극적으로 권장되고 있다.

흰살 생선은 지방 함량이 5% 이하로 적어 맛이 담백할 뿐만 아니라, 살이 비교적 연한 편이어서 소화기가 약한 노인이나 어린이의 영양식으로 권장된다. 등푸른 생선에 비해 영양 성분은 적은 편이지만 명란과 같은 것에는 비타민 A, B₁, B₂, E, 나이아신 등 각종 영양소가 풍부하게 들어 있으므로 식단에 자주 이용하도록 한다.

등푸른 생선은 양질의 단백질은 물론 우리 몸에 좋은 성분인 EPA, DHA의 각종 영양소가 풍부하게 들어 있어 성인병에 효과가 있다. 흰살 생선에 비해 질 좋은 아미노산이 월등히 많을 뿐만 아니라 헤모글로빈 성분이 들어 있는 '혈합육'이 많아, 살색이 주로 검붉은 빛을 띤다.

등푸른 생선을 꼭 먹어야 하는 이유 1. 성인병을 예방해 준다. 2. 뼈와 이를 튼튼하게 해준다. 3. 각기병을 예방해 준다. 4. 세포의 재생을 돕는다. 5. 빈혈을 예방해 준다. 6. 혈압을 떨어뜨린다. 7. 노화를 방지한다.

맛있는 요리책 Cook&Cook 시리즈 Vol.7

"생선으로
만드는
반찬&요리"

맛있는 요리책 Cook&Cook 시리즈 Vol.7

"생선으로 만드는 반찬&요리"

초판 발행 2015년 05월 20일

발행인 김진용 / 발행처 (주)지원출판

편집 이슬비 / 제작책임 윤미경 / 마케팅 책임 이홍연

콘텐츠 제공 29MEDIA

도서, 마케팅 문의 전화 031-941-4474 / 팩스 0303-0942-4474

주소 경기도 파주시 탄현면 웅지로 110번길 71 / 등록번호 406-2008-000040호

홈페이지 www.jiwonbook.com

어떤 생선이 신선할까?

생선은 쉽게 상하기 때문에 신선한 것을 고르는 데 각별히 신경 써야 한다. 가장 쉽게 감별할 수 있는 방법은 생선의 눈알을 살펴보는 것이다. 눈알의 형태가 흐트러졌거나 눈동자가 볼록하지 않고 희뿌옇다면 일단 의심해 봐야 한다.

신선한 생선을 고르는 두 번째 요령은 아가미를 들춰보는 것이다. 아가미 속이 가지런하고 붉은 빛을 띠고 있는 것을 골라야 한다. 육류도 고기의 색깔이 암갈색을 띠고 있는 것이 신선하지 않듯, 생선도 이와 마찬가지다. 아가미 안이 암갈색을 띠고 있고 아가미 결도 쭉쭉 갈라져 있다면 문제가 있는 생선이다. 신선한 생선은 몸에 탄력이 있다. 생선을 한 손으로 들어보아, 몸 전체에 팽팽한 탄력성이 느껴지면서 형태가 힘 있게 유지되는 것을 선택하는 것이 요령! 한 손으로 들어보았을 때 축 쳐지는 생선은 좋지 않다. 생선을 손가락으로 눌러보는 이유는 무엇일

까? 그것은 단단하게 살이 찬 신선한 생선인 것을 확인하고, 항문으로 즙이나 내장 같은 것이 나오는지의 여부를 보고 오래된 생선을 감별해 내는 주부들의 지혜이다.

생선에 따라 선택 요령이 달라진다!

각종 다양한 생선, 어떻게 요리하면 특유의 맛을 잘 살릴 수 있을까? 먼저 붉은살 생선은 조림이나 구이 등으로 요리하기에 알맞다. 지방분이 적고 산뜻한 맛의 흰살 생선은 담백한 맛을 살려 튀김이나 회, 매운탕이나 맑은 찌개 거리로 적당하며, 등푸른생선은 지방이 많으므로 조림 등 진한 맛의 요리에 좋다. 과일도 제철 과일이 있듯이 생선도 제철 생선이 있다. 생선은 산란기 전에 살이 통통하게 오르고 지방이 많아지기 때문에, 이때의 생선이 맛과 영양이 가장 좋다. 요리에 따라 알맞은 생선을 선택하여, 더욱 맛깔스런 요리 솜씨를 발휘해 보자.

고등어카레구이 _ 4인분

재료와 분량
고등어 1마리
마늘 2쪽
소금 약간
카레가루 2작은술
샐러드유 1½큰술
실파 3줄기

ⓐ 재료
밀가루 3큰술
카레가루 1큰술

양념장
간장 2큰술
레몬즙 2큰술

이렇게 만들어요

1 고등어는 머리를 잘라내고 내장을 제거한 다음 깨끗하게 씻어서 물기를 빼고, 3장 포 뜨기를 한다. 다시 2등분하여 준비하고, 마늘은 얄팍하게 저민다.

2 고등어의 껍질 쪽에 1cm 간격으로 칼집을 넣어서 소금과 카레가루를 뿌려서 10분 정도 재어두었다가 칼집 넣은 곳에 저민 마늘을 끼운다.

3 ⓐ의 재료를 잘 섞은 뒤 ②를 넣고 고루 묻힌다.

4 프라이팬에 기름을 두르고 ③을 넣어서 앞뒤로 노릇하게 구워서 낸다. 송송 썬 실파를 뿌린다.

5 양념장 재료를 고루 섞어서 ④의 고등어와 함께 곁들여 상에 낸다.

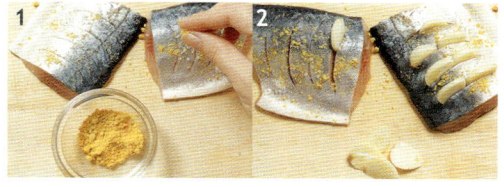

1 3장 포 뜨기 한 고등어를 다시 2등분한 후 등쪽에 1cm 간격을 두어 칼집을 넣고, 소금과 카레가루를 뿌려 10분 정도 재어둔다. 2 생마늘을 얄팍하게 저며 준비한 후 ①의 고등어 칼집 사이에 세우듯 끼워 넣는다.

가자미연근조림

_ 4인분

재료와 분량

가자미 1마리
연근 100g
꽈리고추 50g
다시마 맛국물 1컵
간장 1/3컵
설탕 3큰술
맛술 1큰술
밀가루 · 소금 · 후춧가루 ·
식초 · 샐러드유 약간씩

이렇게 만들어요

1 가자미는 비늘을 벗기고 배를 갈라서 내장을 제거한 후, 먹기 좋게 토막 낸다.

2 ①에 소금과 후춧가루를 뿌려서 밑간한다.

3 연근은 둥글게 0.5cm 두께로 썬 다음, 끓는 물에 식초를 넣고 삶아서 건진다.

4 꽈리고추는 꼭지를 떼어낸다.

5 밑간을 해둔 가자미에 밀가루를 고루 묻힌 후 프라이팬에 기름을 두르고 노릇하게 구워낸다.

6 냄비에 간장과 맛국물 · 맛술 · 설탕을 넣고 끓이다가, 가자미 구운 것과 연근 삶은 것을 넣은 후 뚜껑을 덮고 조린다.

7 국물이 어느 정도 졸아들면 꽈리고추를 넣고 윤기 나게 조린다.

Cooking Tip

밑간하여 밀가루를 묻혀 노릇하게 구워낸 가자미를 조림장에 넣고 연근과 함께 조린다. 이때 뚜껑을 덮고 조려야 맛이 달아나지 않는다.

삼치된장구이 _ 4인분

재료와 분량
삼치 1마리
샐러드유 약간

소스
일본 된장 3큰술
깨소금 2큰술
설탕 1½큰술
맛술 1큰술
청주 1/2큰술

이렇게 만들어요

1 삼치는 머리를 잘라내고 내장을 제거한 후 깨끗하게 씻어서 물기를 거두고, 3장 포 뜨기를 한 후 먹기 좋게 토막 낸다.

2 볼에 소스 재료를 넣어서 잘 섞는다.

3 ①의 삼치에 소스를 고루 발라서 재어둔다.

4 ③의 삼치에 발린 양념을 키친타월로 닦아낸다.

5 프라이팬에 기름을 두르고 ④의 삼치를 넣어서 노릇하게 굽는다.

6 접시에 ⑤의 삼치를 담고 남은 소스를 담아 상에 낸다.

1 삼치는 머리를 잘라내고 내장을 제거한 후 깨끗이 씻어 물기를 없앤 다음 3장 포 뜨기 하여 준비한다. 우선 배 밑 지느러미 부분을 칼로 가른다. **2** 칼끝을 이용하여 펼치듯 반을 나누고, 다시 가시 부분을 포를 뜨듯 칼을 뉘여 거두어낸다.

&cook · cook · fish · 7 series cook&cook · fish · 7 series cook&cook · fish · 7 series cook&cook · fish · 7 series cook&cook · fish

11

옥돔술찜 _ 4인분

재료와 분량

옥돔 1마리
두부 1모
표고버섯 4개
시금치 100g
청주 3큰술
가쓰오부시 맛국물 3큰술
무 간 것 2큰술
고춧가루 1/4작은술
소금 약간

폰즈소스

간장 2큰술
청주 1작은술
맛술 2작은술
레몬즙 1큰술
가쓰오부시 약간

이렇게 만들어요

1 옥돔은 깨끗하게 손질한 후 소금을 뿌려서 30분 정도 둔다.

2 ①의 옥돔을 물에 한 번 씻어서 먹기 좋게 토막 낸다.

3 두부는 3cm 크기로, 표고는 기둥을 떼고 윗면에 칼집을 넣는다.

4 시금치는 끓는 물에 소금을 넣고 데친 후 찬물에 헹궈서 물기를 뺀 다음 3~4cm 길이로 썬다.

5 내열용기에 옥돔을 담고 두부와 버섯을 넣는다. 청주와 맛국물을 뿌리고, 김이 오른 찜통에 넣어 중불에서 찐다.

6 옥돔이 익으면 시금치를 넣고 다시 살짝 찐다.

7 분량대로 양념을 넣어서 폰즈소스를 만든다.

8 폰즈소스에 갈아놓은 무와 고춧가루를 섞어서 완성한 후, 찜과 곁들여 낸다.

Cooking Tip

표고버섯은 기둥을 떼어내고 윗면에 칼집을 넣어 꽃모양을 만든다. 완성된 음식의 모양과 맛을 살려주는 장식 효과도 겸한다.

흰살생선허브구이 _4인분

재료와 분량

조기 2마리
소금 · 후춧가루 약간씩
드라이허브(파슬리, 타임,
세이지, 딜, 오레가노 등을
섞은 것) 1큰술
올리브유 2½큰술
밀가루 약간
샐러드유 1/2큰술
당근 1/2개
레몬즙 1/2큰술
설탕 1작은술

이렇게 만들어요

1 조기는 머리를 떼어내고 내장을 제거한 후 5cm 크기로 먹기 좋게 토막 낸다.

2 ①에 칼집을 넣고 소금과 후춧가루를 뿌려서 밑간한다.

3 볼에 올리브유와 드라이허브를 넣고 ②의 생선을 넣어서 10분 정도 재어둔다.

4 당근은 채를 썰어서 소금에 절여두었다가 물기를 짠 다음 레몬즙과 설탕을 넣어서 무친다.

5 ③의 생선은 밀가루를 묻혀서(여분의 가루는 털어낸다) 기름을 두른 팬에 넣어 굽는다. 중불에서 노릇하게 굽다가 밑면이 익으면 뒤집어서 굽는다.

6 그릇에 ④를 담고 ⑤의 생선을 얹어서 낸다.

1 조기는 머리와 내장을 떼어내고 5cm 크기로 토막 낸 다음 간이 잘 스며들도록 칼집을 넣어 준비해 허브와 올리브유를 넣고 재어둔다. 2 ①의 조기는 밀가루를 묻혀 여분의 가루를 털어내고, 중불에서 앞뒤로 노릇하게 굽는다. 3 당근은 채 썰어 소금에 절였다가 물기를 짠 다음 레몬즙과 설탕을 넣어 무친다.

고등어감자 조림
_ 4인분

재료와 분량

고등어 1마리
감자 2개
붉은 고추 1개
풋고추 1개
대파 1대
마늘 · 생강 약간씩

양념장

간장 2큰술
고추장 1/2큰술
고춧가루 1작은술
설탕 1작은술
후춧가루 약간
물 2컵

이렇게 만들어요

1 고등어는 깨끗이 씻어 내장을 뺀 후 5~6cm 길이로 토막 낸다.

2 마늘과 생강은 곱게 다지고, 파는 어슷하게 썰어 준비한다.

3 풋고추와 붉은 고추는 어슷하게 썰어서 물에 씻어 씨를 제거하고, 감자는 도톰하게 썰어서 준비한다.

4 분량대로 재료를 섞어 양념장을 만든다.

5 냄비에 감자를 담고 양념장 반 분량과 물 1컵을 붓고 익힌다. 감자가 반 정도 무르게 익으면 그 위에 생선을 얹고 나머지 양념장을 넣고 어슷 썬 붉은 고추를 얹어 끓인다. 중간 중간 양념장 국물을 생선 위에 끼얹어 가면서 조린다.

6 생선이 다 조려지면 풋고추와 대파를 얹어 윤기 있게 조려낸다.

고등어카레 커틀릿 _ 4인분

이렇게 만들어요

재료와 분량
고등어살 100g
소금 · 흰후춧가루 약간씩
밀가루 2큰술
카레가루 1작은술
달걀 1개, 빵가루 1/2컵
식용유 적당량

곁들임 요리 재료
옥수수 1큰술, 껍질콩 2개
양파 · 소금 · 후춧가루 약간씩
녹말물 1작은술, 방울토마토 약간

타르타르소스
마요네즈 · 으깬 삶은 달걀 ·
오이피클 · 다진 파슬리 ·
소금 · 레몬즙 약간씩

1 고등어를 크게 반으로 잘라 3장 포 뜨기하여 반으로 자른 후, 소금과 흰후춧가루를 뿌린다.

2 양파와 껍질콩은 잘게 썰어 준비한다.

3 준비한 고등어는 수분을 제거한 다음 카레가루를 섞은 밀가루를 묻히고, 달걀물과 빵가루를 묻혀서 170℃ 기름에서 노릇하게 튀긴다.

4 곁들임 요리 재료는 열이 오른 팬에 기름을 두르고 잘게 썬 양파를 넣어 볶다가 옥수수와 껍질콩을 넣는다. 소금과 후춧가루로 간한 뒤 녹말물을 넣어 골고루 섞고 불을 끈다.

5 볼에 분량의 재료를 넣어 타르타르소스를 만든다.

6 ③의 튀긴 고등어를 접시에 담은 다음 타르타르소스와 방울토마토, 볶은 채소를 곁들인다.

녹차고등어구이 _ 4인분

재료와 분량
중간 크기 고등어 2마리
잎녹차 4큰술
청주 1큰술

양념장
간장 3큰술
다진 생강 1작은술
다진 마늘 1큰술
다진 파 2큰술
참기름 1/2큰술
설탕 1/2큰술
후춧가루

이렇게 만들어요

1 고등어는 머리를 잘라내고 내장을 제거한 후 포를 떠서 2등분한다.

2 ①에 1cm 간격으로 어슷하게 칼집을 넣은 다음 소금과 청주를 뿌려 밑간한다.

3 끓인 물에서 우려낸 잎녹차를 체에 밭쳐 1시간 정도 찬물에 담가 떫은 맛을 우려낸다.

4 ③을 잘라놓은 고등어 위에 얹는다.

5 오븐 팬에 호일을 깔고 기름을 바른 다음 ④를 올려놓는다.

6 200℃로 예열한 오븐에 넣어 10~15분 정도 굽는다.

7 접시에 담아 양념장을 얹어서 낸다.

Cooking Tip
녹차에는 주성분인 카테킨과 당류 그리고 아미노산, 유기산 등이 많이 함유되어 있다. 이들 성분의 종합적인 작용으로 강한 냄새를 제거하는 데 효과가 있어, 생선찌개나 생선 조림을 할 때 찻잎을 조금 넣으면(5인분에 2g 정도) 찻잎이 생선 비린내를 흡수하여 찌개나 조림 맛이 담백해진다.

조기찜 _ 4인분

재료와 분량
조기 1마리
마른 표고버섯 2개
슬라이스 햄 2장
대파 1대
생강 1톨
청주 1큰술
참기름 약간
간장 2큰술
무순 약간

이렇게 만들어요

1 조기는 비늘을 깨끗하게 긁어내고 배를 갈라서 내장을 제거한 다음 흐르는 물에 씻어서 물기를 없앤다.

2 표고버섯은 미지근한 물에 불려 두었다가 물기를 짜내고 기둥을 떼어 낸 후 얄팍하게 썬다.

3 무순은 흐르는 물에 씻어서 물기를 뺀다.

4 햄은 채 썰고, 생강은 편으로 얇게 저민 다음 채 썰어 준비한다.

5 찜을 할 그릇에 생선의 머리가 왼쪽으로 가도록 놓은 다음 머리와 꼬리 쪽에 파를 썰어서 괸다.

6 ⑤에 생강, 햄, 버섯 썬 것을 올린 다음 청주와 참기름을 뿌리고 찜통에 넣어 20분 정도 찐다.

7 접시에 생선을 옮겨 담고 무순을 올린 후 간장을 전체에 고루 뿌린다.

Cooking Tip

깨끗하게 손질한 조기를 접시에 얹고 머리와 꼬리 쪽에 대파를 괴어 안전하게 자리를 잡는다. 채 썬 햄과 표고버섯, 생강 등을 조기 위에 얌전하게 올려놓는다.

흰살생선마늘튀김

_ 4인분

재료와 분량

흰살생선 200g
마늘 8쪽
생강즙 1작은술
청주 1큰술
소금 · 흰후춧가루 약간씩
튀김기름 약간

튀김옷

밀가루 1/2컵
달걀 2개
빵가루 1/2컵
소금 약간

이렇게 만들어요

1 흰살생선은 도톰한 두께로 사방 5cm 크기로 포를 떠서 생강즙과 청주, 소금, 흰후춧가루로 밑간을 한다.

2 마늘은 껍질을 벗기고 얇게 슬라이스한다.

3 흰살생선 포에 마늘 슬라이스한 것을 붙여서 밀가루와 소금 간한 달걀물, 빵가루를 듬뿍 입힌다.

4 190℃에서 노릇하게 재빨리 튀겨낸 다음 기름기를 완전히 빼고 접시에 담아 낸다.

1 흰살생선은 도톰한 두께로 사방 5cm 크기로 포를 떠서 밑간을 한다. **2** 흰살생선 포에 마늘 슬라이스한 것을 평편하게 붙인 후 튀김옷을 듬뿍 입힌다.

프랑스풍 꽁치구이 _ 4인분

재료와 분량
꽁치 3마리
올리브유 1/3컵
버터 1큰술
토마토 2개
양파 1개
다진 마늘 1큰술
앤초비 약간
마른 고추 2개
소금 · 후춧가루 약간씩

이렇게 만들어요

1 꽁치는 손질해서 칼집을 넣는다.

2 토마토는 살짝 익혀 껍질을 벗기고 씨를 뺀 다음 대충 다진다. 양파는 곱게 다진다.

3 달군 프라이팬에 올리브유를 넉넉히 넣고 꽁치를 튀기듯이 잘 구워낸다. 버터를 조금 넣어 향을 낸다.

4 꽁치를 꺼낸 다음 남은 기름에 다진 마늘을 넣어 향을 내고, 잘게 썬 마른 고추와 다진 양파를 넣고 익을 때까지 볶는다.

5 ④에 다진 토마토를 넣고 소금, 후춧가루, 앤초비로 간을 한 후 구운 꽁치 위에 끼얹는다.

1 올리브유를 깊이 1cm 정도로 넣어, 꽁치가 찰랑거릴 정도로 잠기게 해서 튀기듯이 굽는다. 2 꽁치를 구울 때 버터를 조금 넣어 향을 내준다.

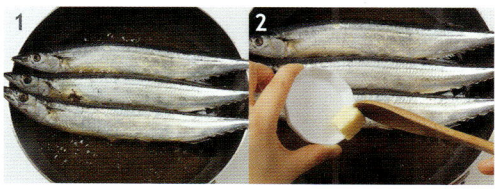

&cook · cook · fish · 7 series cook&cook · fish · 7 series cook&cook · fish · 7 series cook&cook · fish · cook&cook · fish ·

25

고등어튀김 조림
_ 4인분

재료와 분량
고등어 1마리
당근 · 오이 1/2개씩
녹말가루 · 샐러드유 약간

ⓐ 양념
청주 1½큰술, 생강즙 1작은술

ⓑ 양념
토마토 케첩 · 식초 2큰술씩
설탕 1큰술, 생강즙 1작은술
녹말가루 1/2큰술

이렇게 만들어요

1 고등어는 머리를 잘라내고 내장을 제거한 뒤 흐르는 물에 씻어 3장 포 뜨기를 한 다음 다시 먹기 좋게 한입 크기로 썬다. ⓐ의 양념을 넣어서 밑간한다.

2 당근과 오이는 4cm 길이로 썰어 다시 채 썬 다음 물에 담가 싱싱함을 유지시킨다.

3 밑간한 고등어는 녹말가루를 묻힌 다음 170℃의 기름에서 노릇하게 튀 긴다.

4 냄비에 녹말가루를 제외한 나머지 ⓑ의 양념을 넣고 끓이다가 같은 양 의 물에 갠 녹말가루를 넣어 소스를 만든다. 튀긴 고등어를 넣어 조린다.

&cook series 7 · fish · cook · fish · cook&cook series 7 · cook&cook series 7 · fish · cook&cook series 7 · fish · cook&cook series 7 · fish ·

26

장어구이 _4인분

재료와 분량

장어 4마리
간장 4큰술
설탕 2큰술
물엿 1큰술
맛술 1큰술
생강즙 1큰술
멸치국물 · 통후추 · 양파 ·
생강 · 파 · 마늘 약간씩

이렇게 만들어요

1 장어는 뼈와 머리, 살 부분으로 나누어 손질된 것을 준비한다.

2 4㎝로 잘라 찜통에 찐다. 오그라들지 않게 꼬치에 꿴다.

3 장어에서 발라낸 뼈와 머리를 구워서 멸치국물에 넣고, 양파 · 통후추 ·
마늘 · 파 · 생강과 함께 끓인 다음 건진다.

4 ③에 간장, 설탕, 물엿, 맛술, 생강즙을 넣고 국물이 반으로 줄 때까지
조려 양념장을 만든다.

5 쪄낸 장어에 ④의 조린 양념장을 넣고 30분 정도 재어서 재료에 간이
배게 한다.

6 석쇠를 충분히 달군 다음, ⑤에 양념장을 발라가며 윤기 나게 굽는다.

아귀찜
_ 4인분

재료와 분량

아귀 1마리
미더덕 약간
콩나물 200g
미나리 1/2단
붉은 고추 1개
찹쌀가루 3큰술
참기름 1큰술
식용유

양념장

고춧가루 3큰술, 다진 파 2큰술
다진 마늘 1큰술, 생강즙 1작은술
맛술 1큰술, 간장 1큰술
설탕 · 후춧가루 약간씩

이렇게 만들어요

1 아귀를 적당한 크기로 잘라 채반에 담은 다음 소금과 후추를 뿌려서 꾸덕해지도록 둔다. 미더덕은 소금물에 씻어 물기를 뺀다.

2 콩나물과 미나리는 줄기만 준비한다.

3 양념장은 분량대로 섞어서 만든다.

4 냄비에 기름을 두르고 ①의 아귀를 넣고 볶다가 콩나물과 어슷썬 고추와 미더덕을 넣고, 양념장을 뿌린 다음 뚜껑을 덮어 끓인다.

5 콩나물이 익으면 미나리와 찹쌀물을 넣고, 먹기 전에 참기름을 넣고 더 끓인다.

생선이야기 **2** 손질&보관

손질과 보관

어느 생선이든 가장 기본적인 손질 요령은 비슷하다. 우선 머리와 꼬리를 자르고 아가미를 벌려 내장을 빼낸 후 배를 갈라 남은 이물질을 제거한다. 그리고 깨끗이 씻어 포를 뜨든 토막을 내든 요리 방법대로 자르면 되는 것이다. 그 외에 비늘이 있는 생선이라면 비늘을 벗겨내야 하고, 아귀와 같이 입 부분에 독이 있는 생선은 가위로 입을 잘라내야 한다. 비늘을 벗길 때는 비늘이 튀거나 비린내가 배지 않도록 도마 위에 랩이나 신문지 등을 깔아주는 것이 좋다.

생선 껍질을 벗겨야 할 때는 먼저 꼬리 쪽에 칼집을 낸 후 그 부분에 칼을 뉘어 넣어 밀어내듯 껍질을 벗긴다. 손가락에 소금을 묻히면 생선을 만질 때 미끈거림을 방지할 수 있다.

생선은 씻는 것이 먼저이다. 왜냐하면 토막 낸 생선을 씻을 경우에는 그만큼 물에 닿게 되는 면적이 많아져 물에 녹는 영양분과 맛의 손실이 커지기 때문이다. 생선은 통째로 비늘을 긁어내고, 내장을 손질한 뒤 토막을 내는 것이 가장 좋다.

보관시 물기를 제거하여 냉동실에 넣어둔다면 가장 오래도록 보관할 수 있지만, 냉장실에 넣어두는 경우라면 1~2일 안에 조리하는 것이 좋다. 소금을 뿌려 보관할 경우에는 생선에서 수분이 빠져나오므로 작은 바구니에 담아 접시를 받쳐 놓는다.

꽁치·고등어 손질하기

꽁치 … 소금구이할 때는 먼저 손에 세균이 묻어 있을 수 있으므로 소금물에 손을 닦고 꽁치도 함께 닦아준다. 비린내가 나기 쉽고 상하기 쉬운 내장부터 제거하고, 몸통 중간중간에 칼집을 내야 더 잘 익는다. 조림할 때는 머리에 어슷하게 칼을 댄 다음 한 번에 잘라낸다. 몸통을 3등분 정도 토막 낸 뒤 젓가락이나 칼로 내장과 불순물을 말끔히 꺼낸 다음 흐르는 물에 깨끗이 씻는다. 신선한 것일수록 등은 흑청색이고 배는 은백색 광택이 난다. 눈을 보면 거의 투명한 색인데, 신선도가 떨어지다보면 탁한 흑회색으로 변해 나중에는 붉게 충혈된 것처럼 보인다. 또한 몸을 눌러보아 배에 탄력이 있는 것을 선택하고, 냄새를 맡아보아 비린내가 심한 것은 피한다. 신선한 것은 입끝이 부분적으로 노랗게 되어 있고, 꼬리 부분도 누렇다.

고등어 … 배를 가르고 내장을 꺼낸 다음 소금물로 깨끗이 씻어준다. 고등어의 내장은 부패하기 쉬우므로 빨리 제거하고, 육질이 연하면 부패하기 쉬우므로 잘 골라야 한다. 아가미를 열어보았을 때 붉고 살이 탱탱한 것이 신선한 것이고, 배를 눌렀을 때 내장이 밀려나오는 것은 상한 것이다.

생태수제비찌개 _ 4인분

재료와 분량
생태 1마리
밀가루 1컵
물 1/2컵
무 100g
대파 1대
두부 1/2모
양파 1/4개
풋고추 1개
붉은 고추 1개
다시마 우린 물 4컵
소금 · 후춧가루 약간씩

양념장
고추장 1큰술
다진 마늘 1/2큰술
고춧가루 2작은술
다진 생강 약간

이렇게 만들어요

1 생태는 머리와 꼬리를 자른 후 내장을 제거하고, 지느러미는 가위로 잘라낸다. 생태는 4등분해서 토막 낸다.

2 분량의 밀가루에 물을 조금씩 부어가면서 수제비 반죽을 하여 젖은 행주로 덮어둔다.

3 무는 사방 3cm 크기로 나박하게 썰고 두부도 같은 크기로 썬다.

4 양파는 굵게 채 썰고, 대파는 어슷하게 채 썬다. 풋고추와 붉은 고추는 어슷하게 채 썬 뒤 씨를 털어낸다.

5 볼에 다진 마늘, 생강, 고추장, 고춧가루를 넣어 양념장을 만든다.

6 냄비에 분량의 다시마 우린 물을 넣고 끓으면, 무를 넣은 다음 ⑤의 양념장을 풀어서 끓인다.

7 ⑥의 국물이 끓어오르면 생태를 넣고 끓인다. 생태가 어느 정도 익으면 두부를 넣고, 수제비 반죽을 평편하게 펴서 조금씩 떠 넣어 끓인다.

8 수제비가 익어서 떠오르면 양파와 대파, 고추를 넣고 끓이다가 소금과 후춧가루로 간을 맞춘다.

우럭쑥갓매운탕

_ 4인분

재료와 분량
우럭 1마리
모시조개 100g
무 80g
호박 1/3개
붉은 고추 1개
대파 1대
쑥갓 50g

매운탕 양념
고추장 1큰술
고춧가루 2큰술
간장 2작은술
청주 1큰술
다진 마늘 1큰술
다진 파 1큰술
다진 생강 1작은술
소금 · 후춧가루 약간씩

이렇게 만들어요

1 우럭은 꼬리에서 머리 쪽을 향해 비늘을 긁어낸다. 머리를 잘라 내장을 빼낸 다음 먹기 좋은 크기로 토막 내어 깨끗이 씻는다. 우럭은 머리에서 진한 국물 맛이 나므로 버리지 말고 국물 낼 때 함께 끓인다.

2 무는 씻어서 사방 3cm 크기로 납작하게 썰고, 호박은 1cm 두께로 썰어 2등분한다. 붉은 고추와 대파는 굵게 채 썬다.

3 모시조개는 소금물에 담가 충분하게 해감시킨다. 조개를 냄비에 담고 조개가 잠길 정도로 물을 부어서 끓인 뒤 조개가 입을 벌리면 체에 밭쳐 국물을 거른다.

4 고춧가루에 간장과 청주, 마늘, 생강, 파, 소금, 후춧가루를 넣어 고루 섞는다. 좀더 진한 맛을 내기 위해서 고추장을 조금 넣어 함께 섞는다. 고추장이 많이 들어가면 국물 맛이 시원하지 않고 텁텁해진다.

5 냄비에다 받아둔 조개국물을 붓고, 물을 넣어 한소끔 끓인 뒤 매운탕 양념을 반만 넣고 풀어서 계속 끓인다.

6 ⑤의 국물이 끓으면 건져둔 조개와 호박, 우럭을 넣은 후 나머지 양념을 모두 붓고 멍울 없이 풀어서 끓인다.

7 끓어오르면서 생기는 거품은 말끔하게 걷어내고, 대파와 고추를 넣고 계속 끓인다. 우럭 머리는 꺼내고, 모자란 간은 소금으로 맞춘 뒤 짧게 썰어 씻어둔 쑥갓을 올려 바로 불을 끈다.

병어고추장찌개

_ 4인분

재료와 분량

병어 2마리
양파 1/4개
콩나물 100g
대파 1대
붉은 고추 · 풋고추 1개씩
다시마 우린 물 3컵
소금 약간

찌개 양념

고추장 2큰술
고춧가루 1작은술
간장 1작은술
다진 마늘 1큰술
청주 1작은술
다진 생강 1/2작은술
후춧가루 약간

이렇게 만들어요

1 병어는 비늘을 긁어내고 머리와 꼬리를 떼낸다. 내장을 꺼내고 옅은 소금물에 흔들어 씻어 물기를 뺀다.

2 양파는 굵게 채 썰고 대파는 어슷하게 썬다. 콩나물은 꼬리를 떼어내고 물에 씻어 건진다. 고추는 동글게 썰어 씨를 뺀다.

3 냄비에 콩나물과 양파를 담고 다시마 우린 물을 부어 삶는다.

4 찌개 양념을 분량의 재료대로 섞어 만든다.

5 콩나물이 살캉하게 익으면서 국물이 끓으면 뚜껑을 연다. ④의 찌개 양념을 풀어 끓이면서 병어 손질한 것을 넣고 계속 끓인다.

6 ⑤의 국물이 끓어오르면 떠오르는 거품을 말끔하게 걷어내고, 고추와 대파 썬 것을 넣어 소금으로 간을 맞춘다.

1 대파는 껍질을 벗겨 손질한 뒤 흐르는 물에 씻는다. 물기를 말끔히 없앤 뒤 어슷하게 썬다. **2** 냄비에 콩나물과 양파를 담고 다시마 우린 물을 부어 삶는다.

종이에 싼 가자미구이 _4인분

재료와 분량
가자미 2마리
굵은 소금 1½작은술
표고버섯 4개
레몬 약간
종이(유산지) 4장

이렇게 만들어요

1 표고버섯은 기둥을 떼어내고 윗면에 보기 좋게 칼집을 넣는다.

2 가자미는 깨끗하게 손질해서 지느러미를 떼어내고 큼직하게 토막을 낸다.

3 ②에 소금을 뿌려서 1시간 정도 재어둔다.

4 도마에 종이를 깔고 손으로 물을 뿌린다. 여기에 소금을 뿌린다.

5 종이 중앙에 생선을 올려놓고, 레몬을 둥글게 썰어서 올린 후 그 위에 버섯을 얹는다. 그릇에 담듯이 보기 좋게 얹는다.

6 ⑤의 종이를 잡아서 끝을 아물린 후에 양옆과 위를 아물려 그릇 모양을 만든다.

7 프라이팬에 호일을 깔고 기름을 약간 바른 다음 ⑥을 놓고 뚜껑을 덮어서 10분 정도 구워낸다.

1~2 유산지를 준비하여 종이 중앙에 물을 뿌린 후 다시 소금을 살짝 뿌려 준비한다. 3 유산지 중앙에 생선을 올려놓고, 둥글게 썰어놓은 레몬을 얹는다. 4~5 모양 낸 버섯을 레몬 위에 얹고, 그릇에 담듯 종이를 오므려 싼다. 6 팬에 호일을 깔고 굽는다.

&cook · fish · cook&cook series 7 · fish · cook&cook series 7 · fish · cook&cook series 7 · fish · cook&cook series 7 · fish

37

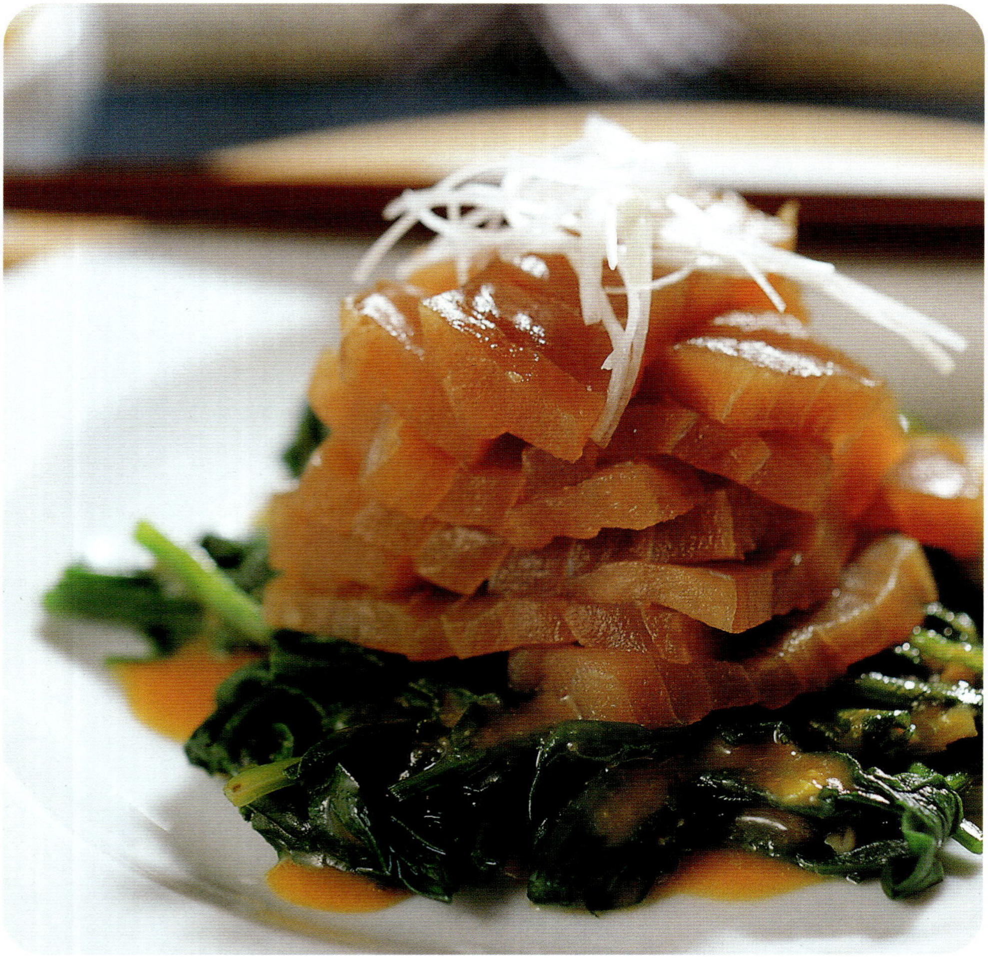

참치초된장무침

재료와 분량
참치살 400g
대파 흰 부분 2대
시금치 100g
실파 5줄기

초된장
일본 된장 250g
고추장 1작은술
설탕 1큰술
달걀 노른자 1개
식초 1/4컵
가쓰오부시 맛국물 1컵
맛술 1작은술

이렇게 만들어요

1 참치는 소금물에 담가서 5분 정도 두었다가 녹아서 휘어지면 꺼내서 마른 행주로 싼 다음 냉장고에 3시간쯤 두었다가 얄팍하게 썬다.

2 대파는 4cm 길이로 채를 썰어서 찬물에 헹궈 매운맛을 없앤 다음 물기를 뺀다.

3 실파는 5cm 길이로 썰어 끓는 물에 살짝 데쳐서 파랗게 색을 낸 다음 찬물에 헹궈서 물기를 뺀다.

4 시금치는 끓는 물에 소금을 넣고 파랗게 데쳐서 찬물에 헹궈 물기를 뺀 다음 4cm 길이로 썬다.

5 초된장은 냄비에 식초를 뺀 나머지 재료를 넣고 나무주걱으로 잘 저어서 끓인다. 10분 정도 끓여서 수분이 증발해 걸쭉하게 되면 불을 끈다. 잠시 후 식으면 식초를 넣고 고루 섞는다.

6 볼에 참치와 시금치, 실파를 넣고 초된장을 적당하게 넣어서 무친다.

7 그릇에 ⑥를 담고 파 썬 것을 올려서 낸다.

1 대파는 길이로 채를 썰어 찬물에 담가 매운맛을 없앤 다음 물기를 뺀다. 2~3 분량의 재료를 고루 섞어 초된장을 만들어 준비한다.

대구매운탕 _ 4인분

재료와 분량

대구 1마리
모시조개 10개
호박 50g
풋고추 1개
붉은 고추 1개
무 100g
대파 1대
쑥갓 약간

양념장

마늘 3쪽, 생강 약간
고춧가루 2큰술, 고추장 1큰술
간장 1큰술, 맛술 2큰술
소금 · 후춧가루 약간씩

이렇게 만들어요

1 대구는 비늘을 긁고 내장을 뺀 후 지느러미를 자르고 토막 낸다.

2 모시조개는 소금물에 담가 해감을 토하게 한 후 끓는 물에 소금을 약간 넣고 데쳐서 조개는 건지고, 국물은 체에 밭쳐서 준비한다.

3 풋고추, 붉은 고추, 대파는 어슷하게 썬다.

4 무는 납작납작하게 썰고, 호박은 0.5cm 두께로 반달썰기한다.

5 마늘과 생강은 다진다.

6 ⑤에 분량의 재료를 섞어 양념장을 만든다.

7 냄비에 무와 ②의 조개국물을 넣고 양념장을 푼다. 무가 반 정도 익으면 생선을 넣고 끓인다.

8 생선이 익으면 풋고추, 붉은 고추, 호박을 넣고 끓이다가 야채가 익으면 데친 모시조개, 대파를 넣고 끓인다.

9 마지막에 소금으로 간을 맞추고 쑥갓을 넣으면서 불을 끈다.

도미탕수
_ 4인분

재료와 분량
도미 1마리
소금 · 흰후춧가루 · 식용유 약간씩
녹말가루 1/2컵

탕수소스
육수 1컵
목이버섯 4개
표고버섯 4개
양파 · 피망 · 당근 1/3개씩
설탕 3큰술
간장 1큰술
마늘 · 생강 · 소금 · 식초 약간씩
녹말가루 1큰술

이렇게 만들어요

1 도미는 3장 포 뜨기한 후 살만 적당한 크기로 썰어 소금과 흰후춧가루를 뿌린 다음 녹말가루를 묻혀 식용유에 튀겨낸다.

2 표고는 불리고 목이는 씻어서 썬다.

3 당근은 꽃모양틀로 찍고, 양파와 피망은 표고 크기로 썬다. 마늘과 생강은 채 썬다.

4 냄비에 마늘과 생강을 볶다가 표고, 목이, 당근, 양파를 넣는다. 육수 등 남은 소스 재료를 넣고 걸쭉하게 소스를 만든다.

5 접시에 ①을 담고 ④를 얹어낸다.

병어조림
_ 4인분

재료와 분량
병어 2마리
감자 100g
붉은 고추 1개
풋고추 1개
대파 1대
마늘 2쪽
생강 약간

조림장
간장 2큰술
고추장 1/2큰술
고춧가루 1큰술
설탕 1작은술
후춧가루 약간
물 1컵

이렇게 만들어요

1 병어는 내장을 제거하고 지느러미를 자른 다음 토막 낸다.

2 감자는 고르게 생긴 것을 고른다.

3 감자의 껍질을 벗기고 도톰하게 썰어서 준비한다.

4 마늘과 생강은 곱게 다진다.

5 파는 어슷하게 썰어 준비한다.

6 풋고추와 붉은 고추는 어슷하게 썰어서 물에 씻고, 씨를 털어낸다.

7 냄비에 감자를 담은 다음 양념장의 반 분량과 물 1컵을 붓고 끓인다.

8 감자가 반 정도 무르게 익으면, 그 위에 생선을 얹고 나머지 양념장을 부어 끓인다.

9 붉은 고추를 얹고 양념장을 생선 위에 끼얹어가면서 조린다.

10 조림 국물이 거의 없어질 때쯤 풋고추와 대파를 얹어 잠시 조려낸다.

갈치조림
_ 4인분

재료와 분량

갈치 1마리
무 100g
붉은 고추 1개
풋고추 1개
대파 1대
마늘 2쪽
생강 약간

조림장

간장 2큰술
고추장 1/2큰술
고춧가루 1큰술
설탕 1작은술
후춧가루 약간
물 1컵

이렇게 만들어요

1 갈치는 은백색의 겉면을 긁어낸 다음 5cm 길이로 토막 낸 후 내장을 제거하여 깨끗하게 씻는다.

2 무는 깨끗이 씻어서 도톰하게 썰어 준비한다.

3 마늘과 생강은 곱게 다지고, 파는 어슷하게 썰어 준비한다.

4 붉은 고추는 어슷하게 썬 다음 물에 씻어 씨를 깨끗이 뺀다.

5 냄비에 무를 담은 다음 양념장 반 분량과 물 1컵을 붓고 끓인다.

6 무가 반 정도 무르게 익으면, 그 위에 갈치를 얹고 나머지 양념장을 부어 끓인다.

7 ⑧ 위에 어슷하게 썬 붉은 고추를 얹어 끓인다.

8 양념장을 중간 중간 생선 위에 끼얹어가면서 조린다.

9 생선이 거의 다 조려지면 대파와 풋고추를 얹어 잠시 조려낸다.

&cook cook&cook series 7 · fish · cook&cook series 7 · fish · cook&cook series 7 · fish · cook&cook series 7 · fish · cook

44

전갱이피망볶음 _ 4인분

재료와 분량
전갱이 2마리
생강 1톨
마늘 2쪽
맛술 1큰술
간장 1큰술
소금 약간
마른 고추 2~3개
피망 2개
영콘 30g
대파 1대
밀가루 약간
진간장 1작은술
설탕 5~6큰술
식초 3큰술
녹말물(녹말 2큰술, 물 2큰술)
후춧가루 약간
튀김기름
육수

이렇게 만들어요

1 전갱이는 옆줄에 있는 가시들을 꼬리 끝쪽에서부터 칼끝으로 떼어내고 먹기 좋은 크기로 3장 포 뜨기한다.

2 ①의 전갱이는 소금, 간장, 맛술로 밑간한 다음 밀가루를 묻혀 170~180℃의 중간 온도에서 바삭하게 튀겨낸다.

3 피망은 굵은 채로 썰고, 마늘과 생강은 얇게 납작썰기한다.

4 영콘은 어슷하게 썰고, 마른 고추와 대파도 어슷썬다.

5 팬에 식용유를 두르고 달군 후 저민 마늘, 생강, 고추, 대파를 넣고 볶아 향을 낸다. 어느 정도 볶아지면 영콘, 피망을 넣어 볶다가 진간장, 설탕, 육수를 넣고 끓인다.

6 ⑤의 소스가 끓으면 식초를 넣고 잠시 더 끓이다가 녹말물을 재빨리 넣은 다음 덩어리 없게 저어 농도를 맞춘다. 마지막에 소금과 후춧가루로 맛을 낸다.

7 바삭하게 튀겨낸 ②의 전갱이를 ⑥의 소스에 넣어 뒤적인 다음 접시에 담아낸다.

생 선 이 야 기 | **3** 요 리 비 결

생선 요리 맛내는 비결

가장 먼저 넣는 것!
가장 나중에 넣는 것!

생선찌개를 끓일 때 가장 먼저 하는 일은 물에 고추장을 풀어 끓이는 것이다. 물이 끓으면 우선 무를 넣어 끓이고, 무가 익을 정도로 끓고 난 후 애호박, 풋고추, 미나리, 쑥갓과 같이 푸른 색을 내거나 향을 가진 채소를 넣는다. 그래야 국물이 시원해진다.

처음에는 열고, 나중에는 닫으세요

처음에는 냄비 뚜껑을 열어두어야 휘발성인 비린내를 공기 중으로 날려버릴 수 있다. 그러나 국물이 끓어올라 생선살이 익기 시작할 즈음에는 뚜껑을 닫아 끓인다.

고춧가루로 얼큰한 국물 맛을 조절하세요

생선찌개의 얼큰한 맛을 내려면 고추장과 고춧가루의 적절한 배합이 필요하다. 고추장만으로 국물 맛을 내면 텁텁하므로, 찌개가 다 끓으면 마지막에 고춧가루를 넣어 맵고 얼큰한 맛을 조절한다. 이때는 가는 고춧가루를 사용하는 것이 좋다.

진짜 맛있는 국물의 양은?

국물의 양이 너무 많을 경우에는 재료들의 제맛이 잘 우러나지 않아 싱겁게 되고, 국물의 양이 적을 경우에는 재료의 표면이 말라 맛이 덜해진다. 재료의 표면이 다 잠길 정도가 되어야 국물 맛이 좋은데, 유의해야 될 점은 찌개가 끓게 되면 재료 자체에서 수분이 나오게 되므로 그 양까지 계산해야 적당한 국물 양을 잡을 수 있다는 것이다.

생선살에 간하기

생선살에 간이 알맞게 배게 하려면, 미리 밑간을 해두어도 좋고, 생선을 써는 방법에 따라 간이 더 잘 배게 할 수도 있다. 토막 낸 생선에 소금을 약간 뿌려 밑간할 경우, 생선살이 단단해져 잘 부서지지 않는 잇점이 있다. 갈치나 병어와 같이 넓적하게 생긴 생선은 보통으로 반듯하게 토막을 내지만 살이 통통한 생선은 어슷하게 썰어야 간이 배는 면적이 넓어져 맛있게 된다. 생선을 통째로 요리할 경우에는 생선살에 칼집을 넣어두는 것이 좋다. 간도 골고루 배고, 높은 온도에서 요리할 경우 생선 껍질이 터지게 되는 것을 방지하여 형태를 유지해 주는 역할을 하기 때문이다.

생선은 내장 맛이 일품!

쓴맛이 우러나는 쓸개와 같은 부위는 물론 제거해야겠지만, 알이나 곤이 등 먹을 수 있는 내장의 경우는 함께 넣어 끓인다. 그 맛이 한결 구수해지고 영양도 풍부해진다.

민물생선은 야채를 필요로 해요!

민물생선은 기름기가 많기 때문에 자칫 기름기가 겉돌아 참맛을 잃기 쉬우므로 야채를 많이 넣어야 그 맛이 담백해진다. 무, 호박, 콩나물, 쑥갓 등 야채를 듬뿍 넣어주면 매운탕의 시원하고 담백한 맛을 제대로 즐길 수 있다. 또 민물생선은 특유의 비린내를 제거해야 하는데, 보통 고추장을 풀어 얼큰하게 끓인다. 그래도 제거되지 않을 때는 밀가루를 조금 풀어 넣어보자. 신기하게도 생선의 비린내가 말끔히 없어진다.

짠 생선은 맛술이 특효약

흔히 짠맛을 쌀뜨물이나 물에 담가 우려내는데, 그러면 짠맛은 어느 정도 제거할 수 있지만 생선살이 탄력을 잃어 맛이 떨어지게 된다. 이때 효과적인 것이 맛술이다. 자반을 맛술에 5분 정도 담가 두면 짠맛이 없어지고 생선살도 탄력을 유지할 수 있게 되어, 맛 좋은 생선 요리를 즐길 수 있다.

&cook series 7 · fish · cook cook&cook series 7 · fish · cook&cook series 7 · fish · cook&cook series 7 · fish · cook&cook series 7 · fish · cook

47